AF349948

LE BIENHEUREUX

JEAN-GABRIEL PERBOYRE

PRÊTRE DE LA CONGRÉGATION DE LA MISSION

MARTYRISÉ EN CHINE LE 11 SEPTEMBRE 1840

SA VIE

PRÉSENTÉE EN TABLEAUX

LE BIENHEUREUX
JEAN-GABRIEL PERBOYRE

PRÊTRE DE LA CONGRÉGATION DE LA MISSION

MARTYRISÉ EN CHINE LE 11 SEPTEMBRE 1840

SA VIE

PRÉSENTÉE EN TABLEAUX

BIENHEUREUX J.-G. PERBOYRE

Jean-Gabriel Perboyre naquit au Puech, paroisse de Montgesty, dans le diocèse de Cahors, le 6 janvier 1802, de parents pauvres des biens de ce monde, mais richement pourvus de ceux de la grâce. C'est en ce jour que les Mages, guidés par une étoile miraculeuse, vinrent d'Orient à Bethléem pour y adorer le Sauveur et lui offrir, dans leurs personnes, les prémices de la gentilité. L'étoile de Dieu s'est aussi levée en ce jour sur notre Bienheureux, elle l'a conduit fidèlement dans les voies droites de la sagesse, et lui a montré le royaume de Dieu. Il n'a pas seulement, comme les Mages, trouvé Jésus dans sa crèche, mais il l'a trouvé sur le Calvaire, où il a eu le bonheur de mourir pour lui. Ce jour de l'Épiphanie coïncidait bien avec la naissance d'un homme qui devait évangéliser les nations infidèles, imiter constamment Jésus-Christ, et répandre son sang pour la Confession de la foi.

Le lendemain, il fut porté aux fonts baptismaux, et, avec les noms de Jean-Gabriel, il reçut la robe d'innocence, qu'il conserva sans tache jusqu'à sa mort, comme tout porte à le croire. Il fut comblé de grâces dans son jeune âge et pendant toute sa vie; la vertu de Dieu se manifesta en lui par sa constance à marcher dans les sentiers de la perfection; mais elle se montra surtout dans la fermeté admirable avec laquelle il confessa le nom de Jésus-Christ chez les infidèles et supporta les tourments les plus horribles.

MAISON OU EST NÉ LE BIENHEUREUX LE 6 JANVIER 1802

ENFANCE DU BIENHEUREUX

SA PREMIÈRE COMMUNION

Les premières années de Jean-Gabriel ne présentèrent pas ce caractère de légèreté qui est le partage ordinaire de l'enfance. Son langage, son maintien, sa démarche, tout respirait en lui une gravité au-dessus de son âge.

A peine âgé de cinq ans, il témoignait déjà beaucoup de goût pour les choses saintes; et l'amour divin, dont son jeune cœur était rempli, se traduisait visiblement dans la manière dont il prononçait les saints noms de Jésus et de Marie, et dans l'attitude religieuse qu'il gardait à l'église ou en faisant ses prières.

A huit ans, il fut envoyé à l'école, et les dispositions plus qu'ordinaires qu'il y montra, jointes à sa vertu, lui concilièrent l'estime et le respect de tous. Au catéchisme il ne montra ni moins d'aptitude ni moins d'application, et il mérita d'être admis à la première communion un an plus tôt que ses jeunes condisciples.

La ferveur qu'il apporta à cet acte si important de la vie chrétienne ne fut point passagère. Après sa première communion, le jeune Gabriel s'empressa de s'agréger à la confrérie du Saint-Sacrement, érigée dans l'église de Montgesty; il en remplit les obligations avec non moins de ferveur que d'exactitude, et devint bientôt le modèle de toute la paroisse. Aussi ne fut-on point surpris lorsque, à l'âge de quinze ans, on le vit entrer au petit séminaire de Montauban, pour s'y préparer à embrasser l'état ecclésiastique.

En trois ans, il y fit toutes ses classes, et même, vers le milieu de la troisième année, chargé de remplacer un professeur qui venait de partir, il sut tellement se concilier l'estime et l'affection de ses élèves que ceux-ci, trente ans après, ne parlaient de lui qu'avec des larmes d'attendrissement.

ÉGLISE DE MONTGESTY, DIOCÈSE DE CAHORS

Où le Bienheureux fut baptisé et fit sa première communion.

LE BIENHEUREUX

Peu de temps après son arrivée à Montauban, Jean-Gabriel se sentit pressé intérieurement d'entrer dans la Congrégation de la Mission dite des *Lazaristes*, et d'aller prêcher la foi aux infidèles de la Chine.

Ayant sollicité et obtenu son admission, notre Bienheureux revêtit les pauvres et saintes livrées du missionnaire au mois de décembre 1818. Le 28 décembre 1820, il eut le bonheur de prononcer les saints vœux et de contracter avec Jésus, l'époux de son âme, cette divine alliance qu'il devait plus tard sceller de son propre sang, comme les saints Innocents dont, en ce jour, on célébrait la fête.

Nommé directeur des novices, Jean-Gabriel, par ses exemples non moins que par sa parole solide et persuasive, sut former des hommes apostoliques qui allèrent prêcher l'Évangile aux nations infidèles. Mais il aurait voulu payer à ces missions lointaines un tribut plus immédiat et plus personnel. Ce désir avait été le premier mobile de sa vocation à l'état ecclésiastique, et la raison déterminante de son entrée dans la Congrégation de la Mission. Le mauvais état de sa santé semblait cependant un obstacle insurmontable à la réalisation de ses désirs. Mais le 2 février 1835, le médecin de la maison, après avoir donné la veille une décision contraire, vint déclarer au Supérieur général qu'il ne s'opposait plus au départ de M. Perboyre.

Ce fut le 21 mars, un samedi, sous les auspices de la très sainte Vierge, qu'il quitta les rives de France, avec une joie douce et calme que la grâce seule pouvait lui inspirer.

LE BIENHEUREUX JEAN-GABRIEL PERBOYRE
Admis dans la Congrégation de la Mission en 1818.

LE BIENHEUREUX J.-GABRIEL PERBOYRE

MISSIONNAIRE EN CHINE. 1835

Après une traversée de cinq mois, Jean-Gabriel aborda à Macao, le 29 août, le jour même où l'Église célébrait le martyre de son auguste patron saint Jean-Baptiste.

Après quelques mois qu'il employa à s'instruire de la langue et des usages chinois, il partit, le 21 décembre, pour la mission du Ho-nan, que l'obéissance lui avait assignée, et dans laquelle il n'arriva, après bien des dangers et des fatigues de toutes sortes, que vers le milieu de juillet de l'année suivante 1836. C'est là qu'il entreprit avec un prêtre chinois sa première mission, qui réussit fort bien. Encouragé dès lors par ce premier succès, il se lança tout à fait dans la carrière évangélique, où ses travaux furent très fructueux. Deux ans ne s'étaient pas écoulés quand un ordre de ses supérieurs obligea notre Bienheureux à quitter la province du Ho-nan pour aller féconder de ses sueurs celle du Hou-pé. Des fatigues non moins grandes, quoique d'un genre différent, l'attendaient sur ce nouveau théâtre.

Aux travaux du saint ministère se joignaient les privations d'une vie pauvre et mortifiée. Et comme si tout cela n'eût pas suffi à satisfaire son amour pour la croix, il s'imposait encore de rudes pénitences, se déchirait par de sanglantes disciplines, et portait sur son corps un rude cilice.

Aussi Dieu bénissait-il visiblement son ministère, lui donnant grâce pour instruire les ignorants, convertir les pécheurs et les apostats, retremper dans la ferveur les âmes tièdes et rendre chacun assez fort pour confesser au besoin sa foi devant les tribunaux, au milieu des plus grandes tortures. Lui-même semblait se préparer, par une lecture assidue des Actes des Martyrs, aux glorieuses luttes qu'il devait bientôt soutenir.

LE BIENHEUREUX JEAN-GABRIEL PERBOYRE

Missionnaire en Chine. 1835.

LE BIENHEUREUX

DEVANT LES TRIBUNAUX CHINOIS

ET PRISONNIER POUR LA FOI

Quand notre Bienheureux pénétra en Chine, il existait une loi de proscription contre la religion chrétienne, condamnant tous ceux qui en feraient profession à la peine de mort s'ils étaient Européens, et seulement à l'exil s'ils étaient Chinois.

Trahi par un des siens, le Bienheureux fut bientôt arrêté. Traîné devant un mandarin civil, il déclara qu'il était Européen et missionnaire catholique. Le mandarin, plein de colère, le fait alors séparer de ses compagnons de captivité, charger de chaînes et jeter en prison pour y passer la nuit sous bonne garde.

Le lendemain et les jours suivants, notre Bienheureux eut à subir divers interrogatoires devant les mandarins civils et militaires. Chacun de ces interrogatoires était pour lui l'occasion d'une nouvelle profession de foi et de nouveaux tourments. Il fut enfin envoyé à Ou-tchang-fou, métropole de la province de Hou-pé, pour y être jugé en dernier ressort. Arrivé dans cette ville, il fut jeté dans une même prison avec les plus affreux scélérats. Il ne sortait de ce lieu infect que pour paraître devant ses juges qui, dans la seule ville de Ou-tchang-fou, lui firent subir plus de vingt interrogatoires.

Amené devant le vice-roi, qui s'était fait dans tout l'Empire la réputation d'une cruauté féroce, notre Bienheureux fut soumis, à différentes reprises, aux plus horribles tortures : les païens eux-mêmes en étaient révoltés. Mais l'invincible héros ne cessa de confesser généreusement sa foi, et de triompher de la barbarie du tyran ; condamné à être étranglé, il languit dans son affreuse prison pendant huit mois entiers.

LE BIENHEUREUX JEAN-GABRIEL PERBOYRE

Commandant le respect et l'admiration aux criminels qui l'entourent.

MARTYRE DU BIENHEUREUX

Le 11 septembre 1840, un courrier apporta l'édit impérial qui ratifiait la sentence de mort, et qui, suivant l'usage établi en Chine, devait sur-le-champ recevoir son exécution. Aussitôt donc, et sans que le jugement eût été rendu public, on enleva de sa prison, comme à l'improviste, le serviteur de Dieu pour le mener au supplice. C'était un vendredi ; et, par une disposition providentielle, qui devait lui donner un nouveau trait de ressemblance avec son divin Maître, on voulut rendre son exécution plus ignominieuse en le conduisant à la mort avec quelques malfaiteurs.

Parvenu au lieu de l'exécution, il se mit à genoux pour prier, en attendant le moment de son supplice, et les païens furent émus en voyant son attitude calme et recueillie.

Puis, lorsque les cinq criminels qui l'avaient accompagné eurent été décapités, ce fut le tour du confesseur de la foi, dont le supplice devait être plus long et plus douloureux. Le bourreau l'attacha au gibet qui avait la forme d'une croix. Ses deux mains, ramenées sur le dos, furent liées à la pièce transversale, et ses deux pieds, repliés par derrière, lui donnaient l'attitude d'un homme à genoux, à cinq ou six pouces au-dessus de terre. L'exécuteur, après chacune des deux premières torsions, lâcha la corde, comme pour mieux faire sentir à sa victime les horreurs de la mort ; enfin il donna une pression définitive et bientôt le martyr expira, sans aucune altération dans ses traits ; et son visage resplendissant d'une beauté merveilleuse ravit d'admiration tous les assistants.

Le glorieux martyr a été béatifié, le 10 novembre 1889, par Sa Sainteté Léon XIII.

MARTYRE DU BIENHEUREUX JEAN-GABRIEL PERBOYRE

11 septembre 1840.

RELIQUES DU BIENHEUREUX

LÉGENDES

1. Couverture ayant servi au bienheureux Perboyre, dans sa prison.
2. Robe chinoise dont le Bienheureux était revêtu quand il fut pris par les satellites.
3. Étole du Bienheureux.
4. Pantalon chinois du bienheureux Perboyre.
5. Sa chemise chinoise dont le col est rongé par les chaînes.
6 et 7. *Makouatse* ou veste chinoise du Bienheureux.
8. Tube en cristal contenant la barbe du bienheureux Perboyre.
9. Clous de son cercueil.
10. Cordes dont furent liées les mains du Bienheureux au moment de son martyre.
11. Cheveux du Bienheureux.
12. Corde qui servit à la strangulation du bienheureux Perboyre.
13. Bambou au moyen duquel fut serrée la corde qui étrangla le Bienheureux.
14. Voile qui couvrait le visage du Bienheureux au moment de la strangulation.
15 et 21. Vases en cristal contenant les cendres du Bienheureux martyr.
16. Livres chinois à son usage.
17 et 19. Linges qui contenaient les ossements du Bienheureux quand on les rapporta de Chine à Paris.
18. Crucifix dont se servait le bienheureux Perboyre.
20. Son encrier chinois.
22. Ses bas déchirés par les chaînes.
23. Chaînes que porta le Bienheureux martyr en prison.

DIVERSES RELIQUES DU BIENHEUREUX

Conservées à la Maison-Mère de la Congrégation, à Paris.

PRIÈRE

Angélique martyr de la Chine, Bienheureux Jean-Gabriel, du sein de la gloire qui vous environne, daignez abaisser sur la terre un regard compatissant et le diriger ensuite avec supplication vers le Roi des martyrs, dont vous avez si bien retracé la vie, la passion et la mort.

Priez-le de glorifier son Vicaire, de pacifier son Église, de rendre prospère votre Congrégation ; priez-le de donner, à vos chers Chinois, aux infidèles et aux hérétiques, la vraie religion ; aux pécheurs, la conversion ; aux justes, la persévérance.

Venez, oh ! venez à notre secours et protégez-nous. Au milieu d'un monde corrompu, persécuteur et apostat, aidez-nous à vivre purs, patients et toujours fermes dans la foi de l'Église Romaine, afin que nous puissions, à votre exemple, être conformes à Jésus-Christ crucifié, et concevoir l'heureuse espérance d'arriver avec vous à l'aimer et à être réunis à lui dans le ciel. Ainsi soit-il.

Sa Sainteté Léon XIII, par un rescrit en date du 31 octobre 1889, a accordé une indulgence de 200 jours, à gagner une fois le jour par ceux qui réciteront cette prière.

Imp. D. Dumoulin et Cᵉ, à Paris.

PUBLICATIONS DE LA CONGRÉGATION DE LA MISSION

RUE DE SÈVRES, 95, A PARIS.

Vie du Bienheureux Jean-Gabriel Perboyre. 1 vol. in-8. 3ᵉ édition. Paris, librairie Gaume . . . . 3 fr.

La Vie et le Martyre du Bienheureux Jean-Gabriel Perboyre, par un prêtre de la Congrégation de la Mission. 1 v. in-18 jésus de 100 pages. Prix. . . . . » »

> Cet ouvrage est une édition nouvelle de celui qui a été publié, en 1885, sous le titre de *Vie abrégée du Vénérable Jean-Gabriel Perboyre.*

Le Bienheureux Perboyre, par un prêtre de la Mission. Opuscule in-32. Desclée, imprimeur à Bruges.

Vie de saint Vincent de Paul, par ABELLY. Nouvelle édition, revue par un prêtre de la Congrégation de la Mission. Ouvrage contenant 16 gravures. 2 vol. in-18 jésus. Paris, librairie Gaume . . . . 7 fr. 50

Lettres de saint Vincent de Paul, publiées pour la première fois par les prêtres de la Congrégation de la Mission. 2 vol. gr. in-8. Très belle édition. Paris, librairie Gaume. . . . . 12 fr.

Manuel des retraites *selon l'esprit de saint Vincent de Paul,* par un prêtre de la Congrégation de la Mission. Un vol. in-18 de 650 pages. Paris, librairie Gaume. . . . . 4 fr.

> Cet ouvrage, publié par M. Portail, premier disciple de saint Vincent, d'après les conseils de son maître, servit à Saint-Lazare pour les nombreux retraitants qui fréquentaient annuellement cette maison. La liste des méditations est longue et variée; elle prévoit les différents états de ceux qui veulent faire une retraite. M. Portail a voulu, autant que possible, satisfaire tous les goûts, et aussi prévenir l'ennui que causerait peut-être la répétition des mêmes sujets chaque année. Quelques nouvelles méditations, en petit nombre, ont été ajoutées pour les jeunes gens des séminaires, pour les communautés vouées au service des pauvres et à l'éducation chrétienne des enfants, etc... C'est un livre qui devrait être dans toutes les bibliothèques chrétiennes.

Eau bénite de Saint-Vincent de Paul pour les infirmes. Mersch, place Denfert-Rochereau, Paris. 15 c.; — douze, 1 fr. 50; — cent, 12 fr.

Manuel des Dames de la Charité, par un prêtre de la Congrégation de la Mission. Un vol. in-18. Paris, librairie Gaume. . . . . . 2 fr. 50

La Médaille miraculeuse, par M. ALADEL, prêtre de la Mission; origine, histoire, diffusion, résultats. Un vol. in-18 jésus, illustré. Paris, librairie Gaume. . . . . 3 fr. 50

> Cette édition est augmentée d'un appendice sur le cinquantième anniversaire de la Médaille miraculeuse.

Imprimerie D. Dumoulin et Cⁱᵉ, à Paris.